Le
réseauteur stratégique

Le guide d'apprentissage du réseautage efficace

John-Paul Hatala, Ph. D.

ÉDITIONS
GET IN THE FLOW

Le réseauteur stratégique
Tous droits réservés © John-Paul Hatala

Maquette réalisée par Mandy Poremba et Danielle Fernandez

ISBN - 13 : 978-0-9821286-2-6
ISBN - 10 : 0-9821286-2-2

L'éditeur propose des tarifs préférentiels pour toutes commandes groupées de ce livre. Pour de plus amples informations, veuillez contacter :

Responsable des ventes spéciales
Éditions Get in the Flow
1-877-356-9675

IMPRIMÉ AUX ÉTATS-UNIS D'AMÉRIQUE

10 9 8 7 6 5 4 3 2 1

Première édition

À Kim, Jaime, Liam et Camryn.

Le réseauteur stratégique

Le réseautage est un concept intéressant ; il n'est pas vraiment tangible ; on ne peut pas le toucher, bien que l'on puisse le voir si l'on est attentif. C'est encore plus évident lorsque l'on s'y essaie. Par exemple, demander conseil à un ami ou demander son chemin à un voisin pourrait être considéré comme du réseautage. En fait, le réseautage est tout autour de nous, et dans une certaine mesure, chacun y participe.

Aujourd'hui, la majorité d'entre nous ne se sent pas à l'aise avec le réseautage, et sait encore moins comment établir une stratégie permettant d'être plus efficace en réseautage. Néanmoins, un espoir subsiste. Le réseau social stratégique s'enseigne et s'apprend. Avec l'approche appropriée, nous pouvons tous tirer parti de nos réseaux.

À quoi ressemble le réseauteur **non** stratégique typique ? Pour faire simple, il/elle :

- Ne se fixe pas d'objectifs à court et à long terme

- Ne fait pas appel aux contacts de son réseau pour l'aider à atteindre un objectif

- Rencontre des difficultés à établir contact avec d'autres personnes

- Ne réfléchit pas de façon stratégique à son réseau

- À du mal à trouver des personnes pour l'aider

- Ne pense pas consciemment aux personnes de son réseau et à l'aide qu'elles peuvent s'apporter mutuellement

- Ne présente pas ses contacts les uns aux autres

- Partage rarement les informations ou connaissances qu'il/elle possède avec les personnes de son réseau

- Atteint ses objectifs par lui/elle-même

Apprendre comment devenir un réseauteur *consciemment* stratégique est essentiel pour modifier ces comportements inefficaces. En fait, faire passer l'action de réseautage au niveau de la conscience constitue peut-être le meilleur moyen d'exploiter les ressources potentielles qui existent au sein des relations que nous entretenons avec les autres. Que vous cherchiez une épaule réconfortante ou un nouvel emploi, de précieuses ressources sont disponibles parmi les personnes que vous côtoyez.

Alors pour ceux d'entre vous qui pensent ne pas être un réseauteur né ou pour ceux que cela ne tente pas, réfléchissez-y ; vous réseautez déjà au quotidien... que vous vous en rendiez compte ou non.

L'important maintenant est d'apprendre *comment* élaborer une stratégie de réseautage.

Table des matières

Partie C : Exploration sociale contre réseautage social

SECTION III – LA MÉTHODE CAU 35

Un aperçu général de la méthode CAU 36

C pour Connaissances 39

Partie D : Fixer des objectifs réseautés

Partie E : Tracer le plan de son réseau social

SECTION IV – ÉTAPES SUIVANTES 81

Partie H : Vos acquis

SECTION V - STRATÉGIES DU RÉSEAUTEUR STRATÉGIQUE 89

« Ne jamais oublier que le futur arrive un jour à la fois »

Dean Acheson

SECTION I

Introduction

Un aperçu général du fonctionnement de ce guide...

Ce guide a été rédigé pour les personnes qui ne se sentent pas à l'aise avec le réseautage et/ou celles qui souhaitent améliorer leurs habiletés.

Cependant, avant de commencer, il est important de savoir comment vous vous sentez vis-à-vis du processus d'exploitation de votre propre réseau social, de sorte que si un problème quelconque se présente vous puissiez trouver des moyens de le résoudre. Si cela vous est impossible, vous aurez peut-être un peu plus de difficultés à atteindre vos objectifs. Après tout, on atteint en général ses objectifs grâce à l'aide des autres ; alors mieux on exploite cette importante ressource, plus on avance.

Il est également important de noter que si vous songez à exploiter cette ressource potentielle présente dans votre réseau, il vous faudra également donner en retour. Ce qui veut dire que vous devez savoir ce que vous êtes réellement capable d'apporter. Par exemple, si vous souhaitez partager les contacts de votre réseau avec d'autres personnes, vous devez savoir qui compose votre réseau et connaître ces personnes (note : il ne s'agit pas de révéler au grand public des informations privées concernant votre contact, mais plutôt de présenter vos contacts les uns aux autres, de sorte que l'on perçoive un avantage réciproque. Vous en saurez plus en lisant la section III). Ou alors, si vous souhaitez partager vos connaissances sur un sujet particulier, vous devez être parfaitement conscient de ce que vous savez et dans quelle mesure cela peut aider quelqu'un.

Il ne s'agit pas de noter chaque personne et chaque connaissance sur un papier, il s'agit simplement d'être prêt à offrir quelque chose à votre réseau et pour cela, la meilleure façon est de réfléchir aux différents aspects de votre vie.

En outre, pour ce qui est du réseautage, il existe deux types de contact : les contacts *relationnels* et les contacts *transactionnels*. Les contacts relationnels désignent les relations étroites que nous entretenons dans la vie (c'est-à-dire les amis proches). Les contacts transactionnels (parfois appelés réseautage pratique) désignent les relations basées sur l'échange de ressources sociales qui ne sont pas forcément des contacts proches. La confiance est à la base de ces deux types de contact. Il est impossible de développer des relations profondes ou d'obtenir de l'aide de la part d'une connaissance sans confiance. Les stratégies présentées dans ce guide sont plus axées sur les contacts transactionnels. Néanmoins, cela n'implique pas que vos contacts transactionnels ne puissent devenir des contacts relationnels. Après tout, nous vivons aujourd'hui dans un monde où le réseautage est largement accepté, en partie grâce à la technologie (c'est-à-dire les sites de réseautage social). Du moment que vous acceptez de donner autant que vous recevez, le réseautage transactionnel est acceptable.

Méthodologie utilisée

Ce guide décrit une méthode étape par étape permettant de :

- Se fixer des objectifs ;
- Rattacher les contacts de votre réseau social à vos objectifs ;
- Développer des stratégies de connexion ; et
- Gérer vos connexions réseau.

De plus, vous trouverez dans chaque section un aperçu conceptuel, une activité et un contrôle des connaissances pour vous aider à toujours mieux comprendre comment devenir un réseauteur stratégique et efficace.

Les principales stratégies qui seront discutées sont :

1. **Se fixer un objectif réseauté** = à l'aide de ce que l'on appelle la méthode SMART, un objectif peut facilement être communiqué afin d'augmenter la probabilité qu'un contact puisse vous aider à l'atteindre.

2. **Créer un plan de réseau** = schématiser votre réseau et indiquer quels sont les contacts susceptibles de vous aider à atteindre votre objectif.

3. **Élaborer une stratégie de connexion** = élaborer une stratégie de contact vous permettant d'évaluer l'aide potentielle apportée par une personne.

4. **Gérer le processus de réseautage** = comment faire d'une opportunité une solution.

Ce guide suit un modèle simple appelé la méthode CAU

C = **Connaissance** de soi, des objectifs et du réseau

À = Avoir **accès** aux ressources sociales

U = Capacité à **utiliser** les ressources pour atteindre des objectifs

Il est vrai que la méthode CAU semble relativement simple, mais comme pour tout, elle requiert de la pratique et une compréhension accrue de son fonctionnement. Si vous voulez convertir votre capital social en revenu social, la maîtrise de la méthode CAU est indispensable.

Que trouve-t-on dans ce guide ?

Le réseauteur stratégique : Le guide d'apprentissage du réseautage efficace est composé de 5 sections et 8 parties. Chaque partie a pour but de vous aider à devenir un réseauteur plus stratégique à la fois dans votre réseau et dans vos activités de réseautage. En passant d'une section à l'autre du guide, vous prendrez conscience des divers aspects et stratégies de développement de votre capital social. Ce guide a pour objectif principal de :

- Vous aider à convertir votre capital social en revenu social

- Faire de vous un explorateur social stratégique

- Fixer des objectifs réseautés

- Développer des stratégies de connexion

- Gérer le processus de réseautage social

- Créer un plan d'action de réseautage social

Pour finir, ce guide vous fournira une méthode permettant de devenir un réseauteur plus stratégique pour ce qui est de l'utilisation de votre capital social et vous enseignera comment le convertir plus efficacement en revenu social !

Note : Pour chaque activité, vous trouverez un exemple sous cette forme : *cette police de caractère indique les exemples*

« La vie est une expérience. Plus vous faites d'essais, mieux c'est ».

Ralph Waldo Emerson

SECTION II

Les concepts

Partie A :
Introduction au capital
social

Partie B : Convertir le
capital social et revenu
social

Part C : Exploration
sociale contre
réseautage social

Le réseautage et l'importance de comprendre les différences entre liens forts et liens faibles

À quand remonte la dernière fois où vous avez contacté quelqu'un que vous connaissiez à peine ? Qu'a impliqué cette rencontre ?

La théorie de la puissance des « liens faibles » de Mark Granovetter[1] (1971) suggère que si vous voulez augmenter la quantité d'informations qui vous sont communiquées, vous y parviendrez plus facilement via des liens faibles que des liens forts. Les liens faibles sont essentiellement vos connaissances, tandis que les liens forts représentent votre famille et vos amis proches. Fondamentalement, plus la fréquence de contacts est élevée, plus les liens sont forts.

Deux raisons expliquent pourquoi les liens faibles constituent de plus grandes sources d'informations : 1) les liens faibles ne font pas de suppositions et vont plus probablement vous transmettre les informations, sans savoir si vous en avez besoin ou non ; et 2) le flux d'informations provenant des liens faibles tend à être moins répétitif.

Si vous adhérez à cette théorie, la question qui se pose alors est « que faire pour augmenter la quantité de liens faibles de votre réseau ? » Également, travaillez-vous bénévolement ou avez-vous rejoint une association ? Le but étant de développer votre réseau de sorte que les informations nouvelles puissent remonter jusqu'à vous.

---

[1] Granovetter, M.S. (1973). The strength of weak ties. *American Journal of Sociology*, 78,1360-1380.

Si vous avez l'impression de ne pas connaître grand monde, accroître la quantité de liens faibles dans votre réseau prendra du temps. Parallèlement au développement de vos liens faibles, vous pouvez également explorer vos liens forts et examiner les contacts auxquels ils sont eux-mêmes reliés. Cette approche double peut vous aider à accroître plus rapidement la quantité d'informations qui vous est communiquée.

Un dernier point. Il n'arrivera pas souvent que vous contactiez une personne qui puisse vous aider directement. La plupart du temps, c'est une connaissance de cette connaissance qui pourra vous aider (*degrés de séparation*). En d'autres termes, ce n'est pas parce qu'une personne ne peut pas nous aider, qu'elle ne connaît pas une personne qui peut le faire. Alors si d'aventure vous vous dîtes que cela ne vaut pas la peine de contacter quelqu'un, réfléchissez. Vous ne pouvez pas savoir qui ils connaissent tant que vous ne les avez pas contactés.

Partie A

Introduction au capital social

Objectif : L'objectif de cette section est de vous faire découvrir le concept de capital social et de son impact sur votre vie. Plus précisément, cette section permettra de :

1. Vous faire découvrir le concept de capital social

2. Illustrer l'aide que peut vous apporter le capital social

3. Vous exposer les compétences nécessaires pour augmenter votre capital social

Qu'est-ce que le capital social ?

Le *capital social* représente les **connexions** que vous avez avec les autres personnes dans la vie. Essentiellement, ce sont les **relations** que vous entretenez actuellement. Certaines de vos relations concernent des personnes desquelles vous êtes très proche, comme la famille ou les amis. Ces contacts sont considérés comme des « **liens forts** ». D'autres relations concernent les personnes avec qui vous avez moins de contact, comme les connaissances. Ces contacts sont communément appelés les « **liens faibles** ».

Des **ressources sociales** existent au sein de ces relations qui peuvent potentiellement vous aider à atteindre vos objectifs. Ces ressources comprennent :

- La connaissance
- L'information
- Les contacts
- L'expérience

Ces ressources sociales peuvent potentiellement vous aider dans votre vie. Par exemple, si un contact s'y connaît en mécanique automobile, il peut vous aider à réparer votre voiture. Ce qui, au final, vous fera économiser de l'argent en évitant de vous rendre chez un garagiste.

Indépendamment de qui vous êtes, vous avez des **relations** dans votre vie. Ces relations représentent le *capital social* que vous possédez. Si vous avez beaucoup de relations, votre niveau de *capital social* est bien plus élevé que si vous en avez très peu.

En quoi le capital social peut-il nous aider ?

Le capital social peut nous aider de bien des façons différentes.

Tout d'abord, le potentiel de ressources sociales disponible dans nos relations peut nous aider à atteindre nos objectifs. Par exemple, réfléchissez à quand remonte la dernière fois où vous avez atteint un objectif par vos propres moyens. La plupart du temps, il vous faut l'aide de quelqu'un d'autre. Le capital social, ou vos relations, constituent des ressources sociales qui peuvent vous aider à atteindre vos objectifs.

Deuxièmement, le capital social nous fournit un accès à l'information, qu'elle soit personnelle ou professionnelle.

Troisièmement, le capital social constitue un soutien dans tous les domaines de votre vie, du financier au sentimental.

Comment pouvons-nous améliorer notre accès aux ressources sociales dans nos relations ?

Étape 1 : Identifier ce que nous pouvons offrir à notre réseau. À qui sommes-nous reliés ? Quelles informations avons-nous ? Dans quel domaine avons-nous des connaissances ? Quelle expérience avons-nous ? Il est important de savoir de quelles ressources sociales nous disposons.

Étape 2 : il nous faut connaître les types de relations qui existent dans nos vies (liens forts vs faibles). Si l'on possède plus de liens forts que de liens faibles, il nous faut envisager des moyens d'augmenter la quantité de liens faibles de notre réseau (rejoindre une association, travailler bénévolement).

Étape 3 : identifier les personnes que nous connaissons et quelles ressources potentielles elles peuvent nous offrir... et ce que nous pouvons leur offrir.

Étape 4 : il nous faut déterminer comment accéder aux ressources de notre réseau. Si l'on ne se sent pas à l'aise à l'idée de prendre contact avec une connaissance de second degré, il nous faut chercher le moyen de surmonter cet obstacle.

Étape 5 : fixer des objectifs clairs qui peuvent être facilement partagés avec le réseau d'autres personnes. Si l'on ne parvient pas à communiquer efficacement ce que nous souhaitons accomplir, cela peut diminuer les chances de trouver un contact capable de nous aider.

Étape 6 : avant de demander de l'aide à une personne, il nous faut développer une stratégie de connexion. Il faut réfléchir à notre façon de contacter cette personne (en particulier s'il ne s'agit pas d'un lien fort).

Étape 7 : savoir comment augmenter les chances que nos contacts puissent nous aider et comment les aider en retour. Il est primordial de développer une relation gagnant-gagnant.

Contrôle des connaissances : Partie A

1. Qu'est-ce que le capital social ?

    i.   Une sorte de monnaie
   ii.   Des connexions avec les personnes qui nous entourent
  iii.   Une part de l'économie

2. Au sein de nos relations, on trouve :

    i.   Des moments agréables
   ii.   Des ressources sociales
  iii.   Des personnes sympathiques

3. Une ressource sociale c'est par exemple :

    i.   La connaissance
   ii.   L'information
  iii.   Les contacts
  iv.   Tout ce qui précède

4. Les membres de notre famille font partie des « liens forts ».

    Vrai ou faux

5. Le capital social peut nous aider à :

    i.   Atteindre nos objectifs
   ii.   Fournir un soutien émotionnel
  iii.   Avoir accès à l'information
  iv.   Tout ce qui précède

Réponses : 1.ii, 2 .ii, 3.iv, 4. vrai, 5. iv

Partie B

Convertir le capital social en revenu social

Objectif : L'objectif de cette section est de déterminer le meilleur moyen pour convertir le capital social en revenu social. Plus précisément, cette section permettra de :

1. Vous présenter le concept de revenu social.

2. Donner un exemple de conversion du capital social en revenu social.

3. Vous montrer comment convertir le capital social en revenu social

---

Revenu social

Le capital social existe indépendamment de qui nous sommes. Alors que la quantité de relations que nous entretenons varie d'une personne à l'autre, nous avons tous accès aux personnes que nous connaissons. Dans la Partie A, il est mentionné qu'il existe des ressources sociales au sein de nos relations. Ces ressources sociales peuvent potentiellement nous aider à atteindre nos objectifs. Cependant, si l'on n'utilise pas ces ressources sociales, notre capital social reste inexploité, jusqu'à ce qu'on le convertisse en revenu social. Par conséquent, le revenu social est le fruit du développement des ressources sociales qui existent au sein de nos relations pour atteindre nos objectifs.

Convertir le capital social en revenu social

On peut convertir ce capital social en revenu social en utilisant une ressource sociale provenant de l'un de nos contacts.

Par exemple, si nous voulons apprendre à cuisiner d'authentiques lasagnes et que l'un de nos amis connaît la recette, cet ami a la possibilité de nous aider. Tant qu'il ne nous a pas aidés à cuisiner ces lasagnes, notre capital social n'est pas encore converti en revenu social.

Cet exemple illustre comment notre capital social (l'ami) et nos ressources sociales (sa connaissance de la recette des lasagnes) sont convertis en revenu social (notre ami nous apprend à cuisiner des lasagnes).

Comment déterminer quelles ressources sociales existent dans notre réseau

Pour cela, on peut interroger une personne que nous connaissons et lui demander de nous dire ce qu'elle sait, quelles informations elle a, qui elle connaît et quelles expériences elle a eues dans sa vie.

Évidemment, de cette manière, cela prendrait beaucoup de temps et nous serions tentés d'abandonner avant d'avoir abouti. Il existe un moyen plus simple de définir les ressources qui existent dans notre réseau : se fixer un objectif, déterminer ce qu'il nous faut pour l'atteindre puis réfléchir aux personnes susceptibles de nous aider dans notre réseau.

Si personne ne nous vient à l'esprit, on peut sortir et interroger quelques personnes susceptibles de nous aider. Se fixer un objectif avant de rechercher une ressource sociale facilite grandement la gestion du processus d'identification des ressources potentielles.

Adapter les ressources sociales aux objectifs constitue la première étape de la conversion du capital social en revenu social. Au lieu de consulter les « pages jaunes » pour trouver le numéro d'un plombier qui répare la fuite du robinet, pensez à une personne de votre réseau qui pourrait s'en charger pour vous. Cet exemple simple est une bonne illustration de conversion de votre capital social en revenu social. Si vous faites passer le réseautage au niveau conscient, vous serez surpris de voir ce que vous pouvez accomplir de manière efficace et économique en exploitant votre réseau.

Le capital social de nos vies représente une opportunité d'atteindre nos objectifs. Plus le niveau de capital social que nous possédons est élevé, plus nos chances d'accéder aux ressources sociales sont élevées. À leur tour, ces ressources sociales ont le potentiel de faire une grande différence dans nos vies si et seulement si nous sommes capables d'y accéder et de les développer. Évidemment, tout commence avec un objectif. Les objectifs nous aident à déterminer quelles ressources sociales existent dans notre réseau. Si nous n'avons pas de contact qui possède la ressource sociale dont nous avons besoin, on peut explorer davantage les degrés de séparation suivants de notre réseau ou trouver un nouveau contact.

Contrôle des connaissances : Partie B

1. Le revenu social est le fruit de l'exploitation des ressources sociales qui existent au sein de nos relations pour atteindre nos objectifs.

   Vrai ou faux

2. La meilleure façon de déterminer quelles ressources sociales existent dans notre réseau consiste à :

   i. Demander à chaque personne ce qu'elle sait
   ii. Effectuer quelques recherches sur vos contacts
   iii. D'abord créer des objectifs, puis contacter les personnes susceptibles de nous aider, et voir si tel est le cas

3. Nous avons converti du capital social en revenu social lorsque l'on obtient de l'aide de la part d'un contact et que nous envisageons de l'aider en retour à l'avenir

   Vrai ou faux

Réponses : 1.vrai, 2. iii, 3.vrai

Partie C

Exploration sociale vs réseautage social

Objectif : L'objectif de cette section est de montrer la différence qui existe entre exploration sociale et réseautage social. Plus précisément, cette section permettra de :

1. Fournir un aperçu de l'exploration sociale

2. Illustrer la différence entre exploration sociale et réseautage social

3. Expliquer les quatre différents types d'explorateur social

Exploration sociale

L'exploration sociale est un système et une philosophie grâce auxquels vous pouvez apprendre à exploiter vos compétences et capacités, et à multiplier la quantité de vos contacts afin d'atteindre des objectifs spécifiques ; c'est un concept qui concerne vous-même et les autres personnes de votre réseau.

Essentiellement, l'exploration sociale est une manière holistique d'examiner notre réseau et d'identifier le potentiel qui existe au sein de ce dernier. Lorsque l'on fait passer le réseautage au niveau conscient et que l'on commence à relier des objectifs à des contacts, on découvre la grande quantité de ressources sociales mise à notre disposition. Un explorateur social exploite ces ressources pour atteindre ses objectifs de façon plus efficace que s'il tentait de l'atteindre par lui-même.

À quoi ressemble un explorateur social

- Il se connaît, connaît son réseau et ses objectifs

- Il a accès aux ressources sociales de son réseau

- Il est capable d'utiliser l'aide des autres pour atteindre ses objectifs

- Il développe des relations durables et réciproquement bénéfiques

Différences entre exploration sociale et réseautage social

Le réseautage social est centré sur deux éléments clés :

(1) S'adresser aux « bonnes » personnes. Cela signifie trouver le lieu où les bonnes personnes se rassemblent puis y obtenir un accès.

(2) Avoir préparé une « pub de 30 secondes » (c'est-à-dire une présentation rapide) pour vous « vendre » une fois en face de ces personnes.

Même si ces deux activités sont nécessaires, le succès complet requiert de nombreuses étapes supplémentaires.

L'exploration sociale commence par un auto-examen au cours duquel vos capacités de réseautage sont évaluées et un plan d'action est développé pour améliorer chaque point posant problème. S'en suit un processus intensif de définition des objectifs pendant lequel des objectifs précis et spécifiques sont établis (*note* : les recherches ont montré que cette activité constitue la méthode la plus efficace pour réduire l'anxiété liée au réseautage). Une fois qu'un(des) objectif(s) clair(s) a(ont) été établi(s), les opportunités du réseau soutenant la réalisation de l'objectif sont identifiées, suivies du développement d'une stratégie de connexion, avant de tenter finalement d'utiliser la ressource sociale en elle-même.

Types d'explorateurs sociaux

Il existe quatre types d'explorateurs sociaux. On trouve :

1. ***L'explorateur social stratégique*** — ces individus pensent à long terme et ont tendance à reconnaître et capitaliser sur le **potentiel** que représentent les personnes de leur réseau. C'est le type d'explorateur social idéal. Ils savent ce qu'ils veulent, établissent des objectifs clairs et réfléchissent à l'aide que leur réseau peut potentiellement leur apporter.

2. *L'explorateur individuel stratégique* — ces individus pensent à long terme et ont tendance à chercher **intérieurement** des solutions à leurs problèmes. Ils ne se tournent pas instinctivement vers leur réseau. Les objectifs ont été établis, mais dans la plupart des cas ils sont difficiles à communiquer aux autres.

3. *L'explorateur social non stratégique* — ces individus aiment travailler et jouer en groupe, mais ont tendance à ne **pas** capitaliser sur les ressources potentielles qui peuvent exister au sein de leur réseau. De plus, ils peuvent sembler très sociables et affirment connaître beaucoup de personnes. Les objectifs ne sont pas fixés.

4. *L'explorateur individuel non stratégique* — ces individus ont tendance à **ne pas rechercher** l'aide des autres et ils ont également tendance à **ne pas penser** à long terme. Les objectifs ne sont pas fixés.

Devenir un explorateur stratégique est important si vous voulez exploiter les ressources sociales qui existent au sein de votre réseau. Lorsque vous commencerez à réfléchir à la stratégie de votre activité de réseautage, vous remarquerez des changements considérables dans votre vie. Envisager votre réseau comme une possible source d'aide pour atteindre quelque chose donnera au final de meilleurs résultats. Après tout, à quand remonte la dernière fois où vous avez réellement atteint un objectif par vos propres moyens ?

Note : Le Formulaire d'apprentissage de l'exploration sociale (SELF)[2] est à votre disposition pour vous aider à définir quel type d'explorateur social vous correspond le mieux. Le SELF a été élaboré pour aider les individus à mieux connaître leur capacité et leur niveau de facilité à accéder aux ressources de leur réseau social. Il s'agit d'une auto-évaluation.

---

[2] Hatala, J.P., 2006. Social Exploration Learning Form (SELF). Editions Get in the Flow. http://www.flowork.com/resources_assessments.php.

Contrôle des connaissances : Partie C

1. L'un des points principaux de l'exploration sociale consiste à vous fixer des objectifs que vous pouvez partager avec le réseau.

   Vrai ou faux

2. La clé de l'exploration sociale est de développer des relations durables réciproquement bénéfiques.

   Vrai ou faux

3. Un explorateur social :

   i. se connaît, connaît son réseau et ses objectifs
   ii. se centre sur sa « pub de 30 secondes »
   iii. rencontre autant de personnes que possible

4. L'une des principales différences entre le réseautage social et l'exploration sociale réside dans la fixation d'objectifs clairs et concis.

   Vrai ou faux

5. L'explorateur idéal est un :

   i. explorateur social non stratégique
   ii. explorateur social stratégique
   iii. explorateur individuel stratégique
   iv. explorateur individuel non stratégique

Réponses : 1.vrai, 2.vrai, 3. i, 4.vrai, 5. ii

« L'action est l'unique clé du succès ».

Pablo Picasso

SECTION III

La méthode CAU

Un aperçu général de la méthode CAU

Le « C »

Plus on devient à l'aise dans notre approche des personnes de notre réseau, plus on a de chances d'atteindre nos objectifs. Si l'on ne se sent pas à l'aise en demandant de l'aide aux autres, il est important de rechercher des méthodes permettant de surmonter cet obstacle.

Plus important encore, il est essentiel de se fixer régulièrement des objectifs. La capacité à se fixer des objectifs est une compétence sous-utilisée qui nécessite de la pratique.

Au final, il nous faut prendre conscience des personnes qui constituent notre réseau. Pour un objectif donné, il faut tout d'abord définir quelle personne de notre répertoire est susceptible de nous aider. Si personne de votre réseau ne nous vient à l'esprit pour un objectif particulier, déterminez alors qui a le plus de chances de connaître quelqu'un qui saura vous aider. Si l'on veut développer et augmenter nos niveaux de revenus sociaux, il nous faut parfaitement connaître notre réseau et comment nous nous sentons par rapport à ce réseau.

Ainsi, le « C » signifie **Connaissance***.* La connaissance de nos sentiments vis-à-vis de l'accès aux ressources sociales et de ce que nous apportons à notre réseau, la connaissance de ce que nous espérons accomplir (objectifs) et la connaissance des personnes qui constituent notre réseau.

36

Le « A »

Une fois familiarisé avec notre réseau, il faut déterminer comment accéder aux ressources sociales spécifiques qui nous permettront d'atteindre nos objectifs. Pour cela, on peut se rendre à une soirée organisée par un ami (ou en organiser une !), rejoindre des associations ou même travailler bénévolement. En gardant à l'esprit comment fonctionnent les six degrés de séparation, plus on est éloigné de la source primaire, plus il est difficile d'accéder à une ressource sociale donnée. Par exemple, une personne que nous connaissons déjà (un contact de premier degré) est plus facile à contacter que l'ami d'un ami (un contact de deuxième degré). Ainsi, si l'on apprend à élaborer des stratégies de connexion, on augmente notre accès aux ressources susceptibles de nous aider à atteindre nos objectifs.

> Ainsi, le « A » signifie **Accès**. Au plus, nous sommes préparés lorsque l'on accède aux ressources sociales de notre réseau, au plus il y a de chances que le contact accepte de nous aider. Élaborer une stratégie de connexion est essentiel si l'on veut parvenir à accéder aux ressources.

Le « U »

Une fois que l'on a accès à la personne qui possède la ressource nécessaire (par exemple un contact donné et l'information, connaissance ou expérience qu'il possède), il faut réfléchir à comment tirer parti de la situation pour atteindre notre objectif. Cela constitue probablement l'étape la plus difficile du processus de réseautage. Nombreuses sont les personnes qui pensent que prendre contact avec quelqu'un constitue la plus grande difficulté, alors que le plus difficile est en fait d'inciter quelqu'un à nous aider à atteindre un objectif spécifique (c'est-à-dire en présentant l'idée d'un potentiel gagnant-gagnant).

Le contact avec les autres relève de l'inconscient. Comprendre le processus, l'analyser et déterminer ce qui nous pose problème est essentiel pour utiliser les ressources sociales dans nos vies. Si l'on veut réussir, il faut prendre conscience de ce processus, c'est-à-dire faire passer ce processus de demande d'aide à un niveau conscient.

Ainsi, le « U » signifie **Utiliser**. Une fois que l'on a accès à une ressource sociale, il faut convertir l'opportunité en solution. C'est la partie la plus difficile du réseautage, car cela prend du temps pour obtenir des résultats. En fait, le réseautage porte ses fruits à retardement. Le fait de rencontrer quelqu'un aujourd'hui ne signifie pas que cette personne va pouvoir nous aider aujourd'hui. Garder cela à l'esprit nous évitera de perdre notre motivation à conserver un contact.

Les trois prochaines sous-sections vous indiqueront les stratégies spécifiques que vous pouvez utiliser pour améliorer votre capacité à convertir le Capital Social (CS) en Revenu Social (RS).

CS(CAU)=RS

La méthode CAU

C pour Connaissances

Partie D : Se fixer des objectifs réseautés

Partie E : Tracer le plan de son réseau social

Partie D

Se fixer des objectifs réseautés

Objectifs : Les objectifs de cette section sont de présenter une méthode de fixation d'objectifs réseautés. Plus précisément, cette section permettra de :

1. Démontrer l'importance des objectifs réseautés

2. Vous faire découvrir la méthode de fixation d'objectif SMART

3. Vous aider à développer vos propres objectifs SMART

Les objectifs réseautés

L'exploration sociale consiste à se fixer des objectifs clairs et concis qui peuvent être facilement communiqués à votre réseau. Les objectifs réseautés sont créés non seulement pour vous-même, mais également pour votre réseau. Lorsque vous établissez des objectifs réseautés, ils doivent être aussi spécifiques que possible de sorte que vos contacts puissent décider rapidement et facilement s'ils peuvent vous aider ou non.

La raison pour laquelle il faut se fixer des objectifs clairs et concis est que la plupart des personnes sont extrêmement occupées et n'ont peut-être pas le temps de chercher à comprendre ce que vous voulez réellement. Si vous voulez qu'elles vous aident, il faut leur faciliter la prise de décision. La réponse d'un contact devrait être :

1) Oui, je peux t'aider

2) Non, je ne peux pas t'aider, ou

3) Je connais quelqu'un qui peut peut-être t'aider.

En fonction de la réponse obtenue, vous saurez si vous avez été suffisamment clair ou non. L'absence de réponse peut signifier que vous n'avez pas été assez clair quant à votre objectif. Si vous obligez les personnes à vous poser des questions concernant votre objectif, vous risquez de ne pas obtenir l'aide dont vous avez besoin.

> Se fixer des objectifs peut réellement vous motiver à réseauter. Les recherchent suggèrent que vous êtes clair sur vos intentions et que vous pouvez identifier un contact qui possède la ressource nécessaire, vous aurez plus de chances d'approcher cette personne pour obtenir son aide. Gardez cela en tête lorsque vous commencerez à exploiter consciemment votre réseau.

Les objectifs SMART

Spécifique ;

Mesurable ;

Actions ;

Réaliste ; et

Temporel.

La méthode SMART constitue un moyen de créer des objectifs clairs et concis qui peuvent être communiqués facilement à votre réseau. Le paragraphe qui suit décrit les critères nécessaires pour créer un objectif SMART :

(S) Chaque objectif doit être suffisamment **spécifique** pour que les détails indiquent clairement quelles sont les étapes nécessaires pour atteindre cet objectif. Une personne doit être capable d'envisager et de décrire l'objectif de sorte qu'il soit viable. Réfléchissez aux questions quoi, qui, pourquoi, où et comment.

(M) Un objectif doit pouvoir être **mesurable**, c'est-à-dire qu'il doit exister un moyen concret de savoir quand il a été atteint. Prenez l'exemple du sport ou des études : il est difficile de dire si une personne a atteint son objectif sans un score ou une note.

(A) L'objectif doit être centré sur un comportement, une activité, une tâche et des réussites (**actions**). S'il n'existe aucune activité, alors il n'y a rien qu'une personne puisse faire pour atteindre cet objectif.

(R) Même s'il existe des moments appropriés pour tenter de « décrocher la lune », en général mieux vaut prendre un gros objectif et le découper en étapes **réalistes** et pratiques (comment mange-t-on un éléphant ? Un morceau après l'autre.).

(T) L'aspect **temporel** inhérent à cette étape implique qu'une majeure partie des opportunités imposent un « créneau de réalisation » et doivent être accomplies avant un instant t (par exemple, une navette spatiale doit impérativement décoller selon certains paramètres sans quoi elle ne pourra pas atteindre la station spatiale internationale).

Suivre la méthode SMART vous permettra d'établir des objectifs clairs et concis et d'augmenter ainsi vos chances d'obtenir de l'aide.

En outre, se fixer des objectifs SMART permet de rester réaliste et vous serez alors capable de les partager facilement avec les contacts de votre réseau. En vous fixant des objectifs et en les réalisant, les succès obtenus vous encourageront à poursuivre votre réseautage. Sans succès, le plus difficile sera de rester motivé. Établir des objectifs SMART est fondamental non seulement pour exploiter votre réseau, mais également pour vous inciter à réfléchir de façon stratégique à votre réseautage.

Activité de l'objectif : Se fixer des objectifs SMART :

1. Allez à la page 45 et fixez-vous un objectif *personnel* et un objectif *professionnel*. Soyez aussi général que possible. Ne vous préoccupez pas encore de la méthode SMART.

2. Maintenant que vous vous êtes fixé deux objectifs « généraux », essayez d'en faire des objectifs SMART tel qu'indiqué aux **pages 46 et 47**.

3. Prenez vos objectifs SMART et réécrivez-les en tant qu'objectifs réseautés tel qu'indiqué en **page 48** (vous pouvez simplement utiliser ce que vous avez écrit pour la section « Spécifique » des pages 46 et 47).

Objectifs généraux	
Objectif personnel	**Objectif professionnel**
Trouver une galerie abordable	*Rédiger une lettre de motivation efficace*

LES OBJECTIFS « SMART »
SPÉCIFIQUE
Objectif personnel : *Trouver une garderie abordable à proximité de chez moi*
Objectif professionnel : *Rédiger une lettre de motivation personnalisée et adaptée à mon secteur*
MESURABLE
Objectif personnel : *Une garderie abordable à proximité de chez moi*
Objectif professionnel : *Évaluation du rédacteur*
ACTIONS
Objectif personnel : *Parler à des groupes de soutien, demander à des membres du clergé, chercher sur Internet*
Objectif professionnel : *Emprunter un guide du CV et de la lettre de motivation à la bibliothèque*

RÉALISTE
Objectif personnel : *Avoir le temps de rechercher et de trouver une garderie*
Objectif professionnel : *Se un style d'écriture agréable et j'ai accès à la bibliothèque*
TEMPS
Objectif personnel : *dans les 3 semaines*
Objectif professionnel : *dans les 3 semaines*

Les objectifs réseautés	
Objectif personnel	**Objectif professionnel**
Trouver une garderie abordable à proximité de chez moi	*Rédiger une lettre de motivation personnalisée et adaptée à mon secteur*

Contrôle des connaissances : Partie D

1. Les explorateurs sociaux stratégiques se fixent des objectifs qui peuvent être facilement communiqués à leur réseau.

   Vrai ou faux

2. Les objectifs réseautés doivent être clairs et concis.

   Vrai ou faux

3. Lorsqu'un contact dit : « Oui, je peux t'aider ; « non, je ne peux pas t'aider » ; ou « non je ne peux pas t'aider, mais je connais peut-être quelqu'un qui pourra », cela indique que vous avez fixé un objectif clair et concis.

   Vrai ou faux

4. Objectif SMART signifie :

   i. Savant, mesurable, actions, réaliste et temporel

   ii. Spécifique, mesurable, axé sur l'action, réaliste et temporel

   iii. Spécifique, mesurable, axé sur l'action, réaliste et fantastique

Réponses : 1.vrai, 2.vrai, 3.vrai, 4. ii

Partie E

Tracer le plan de son réseau social

Objectifs : L'objectif de cette section est de réfléchir aux personnes qui constituent votre réseau. Plus précisément, cette section permettra de :

1. Vous aider à identifier les contacts de votre réseau

2. Vous montrer comment élaborer un plan de réseau

Le plan du réseau

Lorsque vous réfléchissez à vos objectifs, pensez-vous automatiquement aux individus de votre réseau susceptibles de vous aider à les atteindre ?

Si la réponse est oui, vous avez une bonne notion du type d'informations fourni par votre réseau et avez plus de chances d'exploiter les ressources qui vous aideront à réussir.

Si la réponse est non, vous risquez de passer à côté d'informations importantes qui pourraient vous être utiles dans la réalisation de vos objectifs.

Créer un plan de réseau est un processus qui vous aidera à déterminer **quelles sont les personnes** qui constituent votre réseau et quels contacts peuvent vous aider à **atteindre vos objectifs**.

Activité de planification : Tracer le plan de son réseau

Étape 1 : prenez vos objectifs réseautés de la page 48 et réfléchissez à vos propres **contacts** et à qui parmi eux pourrait vous aider à atteindre chaque objectif. Vous devez réfléchir aux *différents types* de contacts qui existent actuellement dans votre réseau. Par exemple, un membre de la famille, un ami, un collègue de travail, un ami de l'université, des voisins, etc. Réfléchissez aux contacts susceptibles de vous aider à atteindre un objectif particulier (Liens forts vs Liens faibles).

Transcrivez vos objectifs réseautés de la page 48 à la **page 52** et à côté de chaque objectif réseauté, ajoutez les noms des contacts potentiels de votre réseau. Dans la colonne à côté de chaque nom, indiquez comment vous avez fait la connaissance de cette personne. Si vous l'avez rencontrée directement, écrivez *directement*, si vous l'avez rencontrée par l'intermédiaire de quelqu'un d'autre, indiquez le nom de cet intermédiaire.

Une fois que vous avez relié tous les contacts susceptibles de vous aider, dressez une liste de toutes les autres personnes de votre réseau qui ne sont pas reliées à un objectif.

Étape 2 : outre les amis, membres de la famille et collègues, pensez aux agences, organismes, groupes de soutien, églises ou groupes d'intérêts particuliers susceptibles de vous aider. Ajoutez les éventuels **groupes** susceptibles de vous aider à côté de vos objectifs.

Le réseauteur stratégique

Objectif réseauté	Contact/Groupe	Connexion
Objectif personnel : *Trouver une garderie abordable à proximité de chez moi*	*Barbara Smith*	*Jennifer York*
Objectif professionnel : *Rédiger une lettre de motivation personnalisée et adaptée à mon secteur*	*Barbara Smith*	*Jennifer York*
Tous les autres contacts : *John Harris*		*Linda Stewart*

Étape 3 : Une fois que vous avez relié les noms des personnes de votre réseau à vos objectifs, passez à la **page 54** pour commencer le plan de votre réseau. Tracez un trait à partir du cercle et *encadrez* chaque personne précédemment reliée à un objectif. Pour ce qui est des personnes de votre réseau qui ne sont pas rattachées à un objectif, *entourez-les* et tracez une ligne qui les relie à vous. Ensuite, si la personne est un contact d'une autre personne (par exemple un ami d'un ami), tracer une autre ligne à partir des cercles/carrés et entourez ou encadrez le nom de la personne qui s'y rattache. Votre plan doit ressembler à ceci :

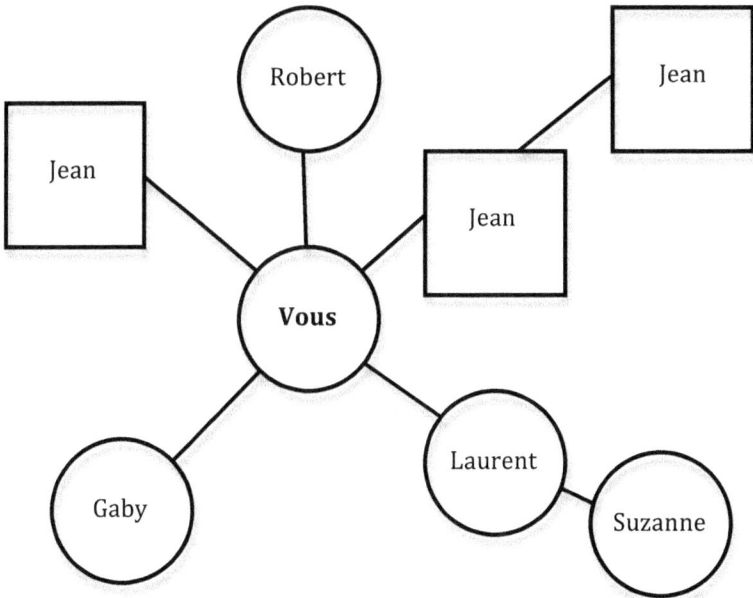

Le plan de votre réseau

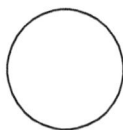

Une fois votre plan achevé, vérifiez que vous n'avez oublié personne. Essayez de comprendre pourquoi les contacts encerclés ne sont reliés à aucun objectif. Avez-vous besoin de plus d'informations les concernant ? Savez-vous quelles personnes ils fréquentent ? Réfléchissez aux personnes que vos contacts connaissent et déterminez si elles peuvent vous aider à atteindre l'un de vos objectifs. Une fois que vous avez identifié les éventuels nouveaux contacts, revenez à votre liste d'objectifs et ajoutez leurs noms.

Étape 5 : pour optimiser votre plan, il faut vous poser les questions suivantes :

1) Y' a-t-il autant de contacts dans mon réseau que ce que je pensais ?

2) La majorité de mes contacts sont-ils des personnes avec qui j'ai des contacts fréquents ? En d'autres termes, des « liens forts » ? (N'oubliez pas : les liens forts sont ces personnes avec qui vous avez des contacts fréquents. Par exemple, la famille proche)*

3) Est-ce que je connais beaucoup de personnes avec qui je n'ai que des contacts limités ? En d'autres termes, des « liens faibles » ? (Les liens faibles sont ces personnes avec qui vous n'avez pas de contacts fréquents. Ce sont en général les contacts qui vous fournissent des informations nouvelles)*

4) Combien de contacts dans mon réseau sont **directement** reliés à moi ?

5) Combien de contacts dans mon réseau sont rattachés à une organisation ? (Ces contacts peuvent vous relier à d'autres personnes au sein de leur organisation)

6) Combien de fois ai-je demandé à mes contacts de parler de mon cas à d'autres personnes ?

7) Combien de contacts ont effectivement parlé de moi à un nouveau contact ?

*Note : Idéalement, il vous faut un mélange de liens forts et de liens faibles dans votre réseau. Si vos contacts sont en grande partie des liens forts, les informations peuvent devenir potentiellement répétitives. Si vos contacts sont en grande partie des liens faibles, vous risquez de ne pas trouver le soutien nécessaire dans certaines situations. (Pour en savoir plus, voir section V).

Le « C » passé en revue

Vous vous êtes fixé quelques objectifs SMART et les avez reliés aux personnes de votre réseau. Si vous voulez réseauter correctement, vous devez établir des objectifs clairs, sans quoi les chances d'obtenir de l'aide de vos contacts diminuent rapidement. De plus, assurez-vous de pouvoir aider votre réseau en retour. Développer des relations réciproquement bénéfiques est essentiel pour augmenter le niveau de capital social que vous avez.

Nous avons vu le « C ». Passons maintenant au « A » afin de déterminer comment avoir accès à ces contacts et créer des stratégies de connexion.

La méthode CAU

A pour Accès

Partie F : Développer des
stratégies de connexion

Partie F

Développer des stratégies de connexion

Objectif : L'objectif de cette section est de vous faire découvrir l'importance de l'élaboration d'une stratégie de connexion avant de rencontrer un contact pour discuter de votre objectif. Plus précisément, cette section permettra de :

1. Explorer l'importance de l'élaboration d'une stratégie de connexion

2. Présenter les étapes d'établissement de connexions

3. Vous aider à élaborer une stratégie de connexion

L'importance des stratégies de connexion

Le vieil adage « la première impression est la bonne » s'applique au réseautage. Une fois que vous avez identifié une ressource sociale parmi vos relations, il est important que vous fassiez tous les efforts pour établir un lien correct. Pour cela, il vous faudra élaborer une *stratégie de connexion*.

L'élaboration de votre stratégie de connexion dépendra de votre connaissance du contact (le degré de séparation). Si le contact est votre père (contact de premier degré), la stratégie de connexion sera relativement simple. Cependant, si le contact est un ami de votre père que vous ne connaissez pas (contact de second degré), la stratégie de connexion peut être plus complexe.

Peu importe le contact, vous n'aurez peut-être qu'une seule et unique chance d'obtenir son aide. Pour profiter au mieux de l'opportunité, vous devez vous préparer du mieux que possible.

Étapes pour établir une connexion

1. Déterminer le degré de séparation.

1er degré = approche moins formelle
2e degré = approche plus formelle

2. Déterminer la méthode de connexion. En d'autres termes, quel est le mode de communication favori du contact ?

1. Courriel
2. Téléphone
3. En personne

3. Vérifier si quelqu'un peut lui parler de vous. C'est-à-dire, connaissez-vous quelqu'un qui connaît ce contact ?

4. Déterminer le contenu de la méthode de contact.

1. Courriel – qu'écrire ?
2. Téléphone – que dire ?
3. En personne – que dire, que porter, etc. ?

5. Déterminer le meilleur moment pour prendre contact avec la personne.

6. Contacter la personne

Activité de connexion : Élaborer une stratégie de connexion

Prendre l'un des contacts reliés à un objectif en page 52 qui pourrait potentiellement vous aider et écrire son nom en **page 61** puis élaborer une stratégie de connexion, en suivant les étapes.

1. Dans la **colonne contact**, écrire le nom de la personne.

2. Dans la **colonne degré**, indiquer si vous connaissez ce contact directement (1er degré) ou par l'intermédiaire d'une autre personne (2e degré).

3. Dans la **colonne méthode**, déterminer le mode de communication choisi.

4. Dans la **colonne référence**, déterminer s'il existe une personne qui puisse vous mettre en relation directe avec le contact.

5. Selon la méthode, prévoir ce que vous allez écrire ou dire dans la **colonne contenu**.

6. Pour finir, indiquer dans la **colonne temps** le moment où vous prendrez contact.

Élaborez des stratégies de connexion pour chacun de vos contacts reliés à l'un de vos objectifs. Vos stratégies de connexion varieront en fonction du degré de séparation.

Stratégie de connexion

Nom de	Degré	Méthode	Référence	Contenu	Moment
Barbara Smith	*degré*	*En personne*	*Transfer Vault*	*Fichier de projet*	*Tous matin*

Contrôle des connaissances : Partie F

1. Créer un plan de réseau vous permet de voir quels contacts peuvent vous aider à atteindre un objectif.

   Vrai ou faux

2. Un plan de réseau vous permet de voir qui fait partie de votre réseau.

   Vrai ou faux

3. Les contacts que vous identifiez dans votre plan comme pouvant vous aider à atteindre un objectif sont indiqués d'un :

   i. Cercle
   ii. Ovale
   iii. Carré
   iv. Triangle

4. Après avoir identifié toutes les personnes de votre réseau susceptibles de vous aider, listez toutes les autres.

   Vrai ou faux

Réponses : 1.vrai, 2.vrai, 3. iii, 4.vrai

Le « A » passé en revue

Maintenant que vous avez développé quelques stratégies de connexion, vous avez achevé l'étape du « A ». Selon la puissance des liens, une stratégie de connexion doit être élaborée afin d'augmenter les chances d'obtenir de l'aide. Pensez stratégiquement en vous connectant.

Passons maintenant au « U » afin de vous aider à déterminer comment élaborer des scénarios gagnant-gagnant avec vos contacts de sorte qu'ils acceptent de vous aider à atteindre vos objectifs.

« La défaite n'est pas le pire des échecs. Le véritable échec est de ne pas avoir essayé ».

George Edward Woodberry

La méthode CAU

U pour Utiliser

Partie G : Gérer vos
connexions réseau

Partie G

Gérer vos connexions réseau

Objectif : L'objectif de cette section est de vous présenter le processus d'identification de contacts/opportunités dans votre réseau, puis de les convertir en solution qui vous aide à atteindre votre objectif. Plus précisément, cette section vous permettra de :

1. Illustrer le processus de réseautage

2. Expliquer les stades du processus de réseautage

3. Vous aider à démarrer le processus de réseautage

Le processus de réseautage

Maintenant que vous avez fixé un objectif SMART et avez élaboré une stratégie de connexion, il est important d'entamer le processus de réseautage. La clé d'un réseautage réussi réside dans *l'utilisation* de la ressource sociale que vous avez identifiée pour la convertir en revenu social. En suivant ce processus en 6 stades, vous serez capable d'effectuer le suivi de votre activité de réseautage afin de gagner en efficacité dans la réalisation de vos objectifs à l'aide de vos contacts.

Six stades composent ce processus :

1. Identifier une opportunité dans le réseau (**Opportunité**)

2. Contacter la personne (**Contact**)

3. Explorer l'aide éventuellement apportée par le contact (**Exploration**)

4. Élaborer une stratégie et développer un plan d'action (**Stratégie**)

5. Négocier une relation gagnant-gagnant (**Négociation**)

6. Aboutir à une solution (**Solution**)

Le processus de réseautage est un concept que vous appliquez déjà, simplement vous ne le savez probablement pas. Toutefois, reconnaître et comprendre le processus vous permettra de travailler sur l'amélioration de votre exploitation du réseau.

Travailler les stades du processus de réseautage

L'objectif ici est de prendre votre objectif SMART et de l'intégrer au processus de réseautage. Les objectifs futurs suivront le même processus.

Le **premier stage** consiste à prendre les personnes de votre réseau qui sont rattachées à un objectif, et à définir une opportunité spécifique qui vous aide à atteindre cet objectif. Ainsi, vous devriez pouvoir identifier les personnes susceptibles de vous aider… c'est-à-dire les opportunités de travailler avec des contacts selon des méthodes auxquelles vous n'aviez peut-être pas pensé jusque-là.

Une fois l'opportunité identifiée (contact), le **second stade** commence et il vous faut élaborer une stratégie de connexion concernant votre mode de contact de la personne identifiée.

Le **troisième stade** intervient lorsque vous rencontrez le contact pour explorer s'il a la possibilité et la volonté de vous aider. Évidemment, vous ne passez au stade suivant que si ce contact est capable et accepte de vous aider.

Si tel est le cas, vous pouvez passer au **quatrième stade** qui implique le développement d'un plan d'action. Le plan d'action concerne l'aide effective apportée par le contact.

Le **cinquième stade** est le stade de la négociation. Dans ce stade, vous déterminerez comment créer une relation gagnant-gagnant et obtenir une promesse d'aide de la part du contact.

Le **dernier stade** est celui où vous vérifiez si vous avez atteint votre objectif ou du moins si vous vous en êtes rapproché. En d'autres termes, parvenir à ce stade n'implique pas nécessairement que vous avez atteint votre objectif, mais simplement que vous vous en êtes approché.

Le processus de réseautage

Objectif SMART

1er stade	2e stade	3e stade	4e stade	5e stade	6e stade
Opportunité	Contact	Exploration	Élaboration d'une stratégie	Négociation	Solution

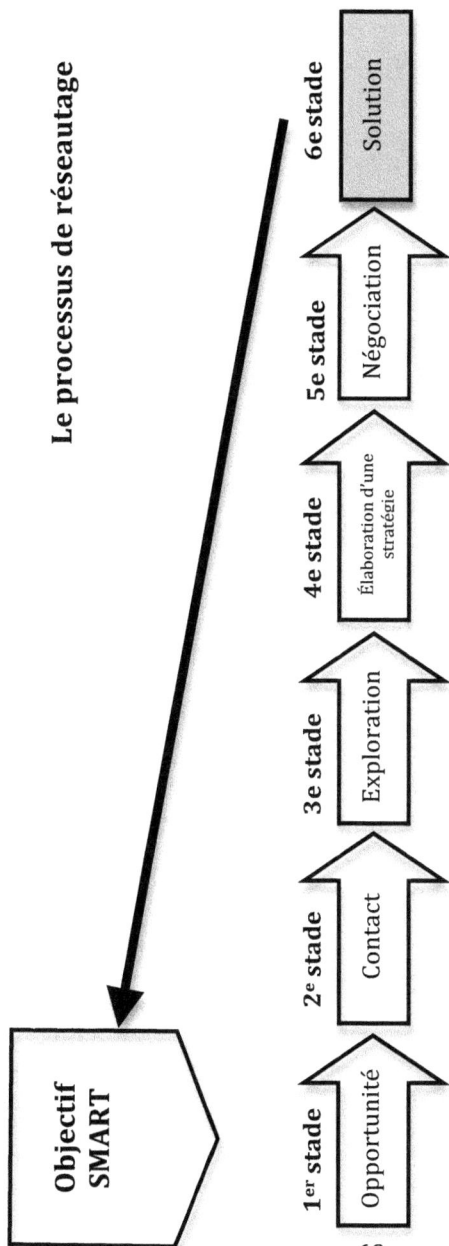

Le processus de réseautage est un processus étape par étape permettant de trouver une solution à un objectif SMART. Comme il existe des stades ou des étapes dans le processus, cela prendre du temps de trouver une solution. Suivre votre activité de réseautage est essentiel si vous voulez réussir à multiplier les ressources de votre réseau afin d'atteindre un objectif.

Points à considérer dans votre progression du processus de réseautage

1. **Opportunité** – Qui dans votre réseau peut vous aider à accomplir un objectif ? Quelle est l'opportunité spécifique ? Que faut-il pour atteindre votre objectif (compétences ou contacts) ?

2. **Contact** – Quelle est votre stratégie de connexion avec cette personne ? Une autre personne vous présentera-t-elle à ce contact ? Établirez-vous le contact, par courriel, téléphone ou en personne ?

3. **Exploration** – La personne est-elle capable de vous aider, et accepte-t-elle ? Avez-vous appris quelque chose sur le contact ? Avez-vous établi une relation de confiance ?

4. **Élaboration d'une stratégie** – Quel est le plan prévu pour vous aider à atteindre votre objectif ? Avez-vous conçu un plan d'action comprenant une date de commencement ?

5. **Négociation** – Le contact s'est-il engagé à vous aider ? Que pouvez-vous lui offrir en retour maintenant ou à l'avenir ?

6. **Solution** – Avez-vous atteint votre objectif ? Vous êtes-vous rapproché de votre objectif ? Avez-vous remercié votre contact ?

Un exemple de progression dans le processus de réseautage

Information = Barbara a pour but d'apprendre comment rédiger un résumé pro forma.

Stade 1. Barbara doit identifier une **OPPORTUNITÉ** dans son réseau :

    a.   Une personne sachant rédiger et créer un curriculum vitae professionnel.
    b.   Sa mère est bien connectée.
    c.   Marie, une amie de sa mère, qui travaille dans une agence de recrutement, a déjà aidé d'autres personnes à rédiger des CV professionnels.

Résultat n° 1 : Une opportunité d'obtenir l'aide de Marie

Stade 2. Barbara doit **ENTRER EN CONTACT** avec Marie :

    a.   Elle contactera Marie par l'intermédiaire de sa mère.
    b.   Elle rendra visite à Marie en personne.
    c.   Oui, sa mère accepte de l'aider à rencontrer Marie.

Résultat n° 2 : Barbara a élaboré une stratégie de connexion pour rencontrer Marie

Stade 3. Barbara rencontre Marie et commence à **EXPLORER** les possibilités d'aide :

a. Barbara a indiqué à Marie qu'elle souhaite apprendre comment rédiger un CV.
b. Marie est réputée pour son excellent travail.
c. Marie a déjà aidé d'autres personnes à rédiger des CV qui répondent à des normes professionnelles.
d. Marie accepte d'aider Barbara.

Résultat nº 3 : Marie accepte d'aider

Stade 4. Barbara commence à **ÉLABORER UNE STRATÉGIE** avec Marie afin de décider comment elle peut lui venir en aide :

a. Marie montrera à Barbara quels sont les critères requis pour un CV professionnel et comment le rédiger.
b. Il est prévu que Barbara intègre ses suggestions dans son CV, et Marie vérifiera son travail, dans un mois.

Résultat nº 4 : Barbara a élaboré un plan avec Marie

Stade 5. Barbara commence à **NÉGOCIER** avec Marie :

    a. Barbara a examiné quelle aide pouvait lui apporter Mary.

    b. Mary a accepté d'apprendre à Barbara à rédiger un CV professionnel.

    c. Barbara a dit à Marie qu'une fois le CV achevé, elle parlerait de son agence de recrutement à d'autres personnes (gagnant-gagnant).

    d. Marie a accepté d'aider Barbara et elles ont fixé une date pour commencer à travailler sur le CV.

Résultat n° 5 : Mary a promis à Barbara de l'aider

Stade 6. Barbara aboutit à une **SOLUTION :**

    a. Barbara remercie Marie pour son aide.

    b. Barbara a dit à Marie que si une de ses connaissances avait besoin d'un CV, elle la lui adresserait.

    c. Barbara est satisfaite de l'aide apportée par Marie.

RÉSULTAT FINAL : *Objectif atteint* **- Barbara a appris à rédiger un CV professionnel.**

Cet exemple montre comment un objectif relié à une opportunité passe les stades du processus de réseautage. La durée du processus dépend de 1) l'intermédiaire (la mère) et 2) la disponibilité du contact (Marie).

Activité du processus de réseautage Progresser dans le processus de réseautage

À la **page 76**, prenez l'un des objectifs réseautés et entamez le processus de réseautage. Le temps que cela vous prendra dépend des personnes auxquelles vous êtes relié. Vous avez déjà élaboré une stratégie de connexion, donc une fois que vous avez rencontré votre contact, suivez les stades restants pour voir si vous pouvez aboutir à une solution.

Utilisez l'exemple de Barbara des pages précédentes comme guide pour avancer dans le processus.

Consultez la **page 76** pour vous entraîner. Une fois à l'aise avec le processus, vous pouvez vous passer du tableau. L'essentiel est de se sentir à l'aise dans chaque étape de sorte à accroître la probabilité d'aboutir à une solution pour vos objectifs.

Le tableau servira également d'outil de suivi pour vous aider à retracer votre activité de réseautage. Essentiellement, le tableau fournit une représentation visuelle de votre progression dans le processus de réseautage. Vous serez capable de voir ce qui fonctionne bien et règle les problèmes qui affectent votre capacité à progresser vers une solution.

Vous pouvez utiliser les étapes décrites en **page 75** pour vous aider à passer les stades.

Note : Pour ce qui est du stade *opportunité*, consulter la section II.

Les étapes de chaque stade du processus de réseautage

Contact	Explorer	Élaborer une stratégie	Négocier
1. Déterminer le degré de séparation - 1er degré = approche moins formelle - 2e degré et suivants= approche plus formelle 2. Déterminer la méthode de connexion 1. Courriel 2. Téléphone 3. En personne 3. Vérifier si quelqu'un peut lui parler de vous 4. Déterminer le contenu de la méthode de contact 1. Courriel – qu'écrire ? 2. Téléphone – que dire ? 3. En personne – que dire, que porter, etc. ? 5. Déterminer le bon moment pour prendre contact 6. Prendre contact	1. Apprendre à connaître le contact 2. Partager votre objectif SMART avec le contact 3. Déterminer si le contact peut vous aider à atteindre votre objectif ou connaît quelqu'un susceptible de vous aider. Poser les questions suivantes : a. Avez-vous déjà fait cela (objectif) avant ? b. Avez-vous réussi ? c. Accepteriez-vous de m'aider ? 4a. Si le contact peut vous aider, passer un accord avec lui pour progresser. 4b. Si le contact ne peut pas vous aider, mais connaît quelqu'un qui peut, prenez les coordonnées de cette personne et demander si le contact peut faire les	1. Développer un plan d'action. Le plan d'action doit inclure : • Le type d'aide apporté par le contact. • Le moment où le contact aidera. • Qui fera quoi ? • Où se dérouleront les activités ? • Qui sera impliqué ?	1. Revoir ce que vous espérez accomplir avec l'aide du contact. 2. Convenir d'un plan d'action (basé sur la colonne stratégie). 3. Déterminer ce que le contact voudrait en retour (insister sur le fait que vous lui rendrez la pareille). 4. Obtenez une promesse d'aide du contact. 5. Convenir des étapes suivantes.

Le réseauteur stratégique

Opportunité	Contact	Explorer	Élaborer une stratégie	Négocier	Solution
Opportunité n° 1	Opportunité n° 1	Opportunité n° 1	Opportunité n° 1	Opportunité n° 1	Opportunité n° 1

Contrôle des connaissances : Partie G

1. Six stades composent le processus de réseautage.

   Vrai ou faux

2. Il vous faut créer un objectif SMART avant d'entamer le premier stade.

   Vrai ou faux

3. Les stades du processus de réseautage sont :

   i. Opportunité, contact, exploration, négociation, exploration et solution

   ii. Opportunité, contact, élaboration d'une stratégie, négociation, exploration et solution

   iii. Opportunité, contact, exploration, élaboration d'une stratégie, négociation et solution

4. Vous ne pouvez passer au stade de l'élaboration de stratégie que si le contact est capable et accepte de vous aider.

   Vrai ou faux

5. Vous avez atteint ou allez bientôt atteindre votre objectif lorsque vous êtes au dernier stade (solution).

   Vrai ou faux

Réponses : 1.vrai, 2.vrai, 3. iii, 4.vrai, 5.vrai

Le « U » passé en revue

Vous avez donc découvert le processus de réseautage et êtes capable d'intégrer un objectif SMART dans chacun des stades. Il est important de ne pas oublier que le processus peut prendre du temps et que toutes les personnes avec qui vous êtes en contact ne seront pas en mesure de vous aider. L'essentiel est de continuer à créer des objectifs et de chercher des opportunités dans votre réseau qui vous aident à les accomplir.

Vous serez capable d'améliorer votre efficacité de réseautage en suivant votre activité. Établir un objectif, identifier une opportunité de votre réseau et passer les différents stades peut être une tâche ardue. En visualisant le processus, vous commencerez à vous sentir plus à l'aise dans vos connexions. Ainsi, vous atteindrez vos objectifs plus facilement. L'essentiel est de pratiquer en appliquant le processus et en n'oubliant pas que donner autant que vous recevez est aussi important.

La méthodologie CAU est un moyen d'élaborer une stratégie dans vos efforts de réseautage. Suivre cette méthode vous permettra d'exploiter vos ressources pour générer du revenu social. En gagnant en assurance dans votre réseautage, vous remarquerez des changements considérables dans votre vie. En faisant passer le réseautage au niveau conscient, vous commencerez à identifier des opportunités dans votre réseau que vous n'auriez pas reconnues auparavant.

Établir des objectifs SMART à la première étape en rattachant les ressources sociales de vos relations aux objectifs fixés. Suivre la méthode CAU vous permettra d'y parvenir. Essentiellement, la formule de conversion du capital social en revenu social est la suivante :

CS(CAU)=RS

Où CS signifie Capital Social, C signifie *Connaissances* (de soi, des objectifs, du réseau), A signifie *Accès* et U signifie *Utilisation*. Si vous parvenez à devenir plus compétent dans ces domaines, vous avez des chances de convertir vos efforts en RS (Revenu Social).

Intégrer la méthode CAU à votre vie quotidienne vous aidera à réussir. Le succès est souvent défini par les objectifs que nous atteignons. On atteint plus souvent ses objectifs lorsque l'on réfléchit aux personnes qui composent notre réseau et aux relations réciproquement bénéfiques que l'on peut développer. On ne peut tirer de son réseau que ce que l'on sera capable de rendre. Suivre cette règle simple vous permettra de récolter les fruits du réseautage dès aujourd'hui, mais également tout au long de votre vie.

« Ne jamais oublier que votre propre volonté de réussir est plus importante que toute autre ».

Abraham Lincoln

SECTION IV

Étapes suivantes

Part H : Vos acquis

Partie H

Vos acquis

Objectif : l'objectif de cette section est de vérifier vos acquis. Plus précisément, cette section permettra de :

1. Revoir les principaux concepts et stratégies présentés dans ce guide.

2. Discuter des prochaines étapes à suivre pour exploiter les ressources sociales de votre réseau.

Synthèse

Tout au long de ce guide, vous avez découvert quelques concepts clés relatifs à un réseautage social efficace. De plus, quelques étapes clés pour vous aider à augmenter votre revenu social vous ont été décrites.

Vous êtes parvenu à

1. Créer des objectifs réseautés (**Partie D**)

2. Développer un plan de réseau (**Partie E**)

3. Identifier des stratégies de connexion (**Partie F**)

4. Commencer à gérer votre connexion réseau (**Partie G**)

Grâce à ce travail effectué, vous êtes bien parti pour augmenter votre revenu social.

Continuez de développer des objectifs réseautés et de gérer le processus de réseautage et avant de vous en rendre compte, vous aurez atteint vos objectifs.

Révision des principaux concepts et stratégies

Les principaux concepts introduits dans ce guide sont :

1. Capital social = les relations avec les autres

2. Ressources sociales = les ressources que les personnes possèdent, comme les informations, les connaissances, les contacts, etc.

3. Revenu social = utiliser les ressources sociales présentes dans votre réseau de manière durable et réciproquement bénéfique pour vous et votre(vos) contact(s).

4. Exploration sociale = un système et une philosophie grâce auxquels vous pouvez apprendre à exploiter vos compétences, vos capacités et vos contacts afin d'atteindre des objectifs spécifiques ; c'est un concept pertinent pour vous-même et les autres personnes de votre réseau.

5. Explorateur social = une personne qui réfléchit de manière stratégique à propos de son avenir et de l'aide potentielle apportée par son réseau.

6. Objectif réseauté = un objectif clair, concis et qui peut être partagé avec le réseau.

7. Objectifs SMART = Spécifique, mesurable, axée sur l'action, réaliste et temporel

8. Stratégie de connexion = une stratégie de connexion avec un contact.

9. Processus de réseautage = se compose de stades utilisés pour identifier les opportunités du réseau qui aident à atteindre un objectif et à aboutir à une solution.

Les principales __stratégies__ décrites dans ce guide sont :

1. **Objectif réseauté** = à l'aide de la méthode SMART, un objectif peut facilement être communiqué afin d'augmenter la probabilité qu'un contact puisse vous aider à l'atteindre.

2. **Créer un plan de réseau** = schématiser votre réseau et indiquer quels sont les contacts susceptibles de vous aider à atteindre votre objectif.

3. **Stratégie de connexion** = élaborer une stratégie de contact vous permettant d'évaluer l'aide potentielle apportée par une personne.

4. **Processus de réseautage** = les stades permettant de convertir une opportunité en solution.

Prochaines étapes : *Créer votre plan d'action de réseautage social*

1. Continuer à créer des objectifs SMART. Si vous voulez réussir votre réseautage, il vous faut goûter au succès. Vous saurez que vous avez réussi uniquement si vous vous fixez des objectifs.

2. Relier vos objectifs SMART aux contacts de votre réseau. Penser à vos contacts et à l'aide potentielle qu'ils peuvent apporter.

3. Élaborer des stratégies de connexion pour ces contacts. Vos stratégies de connexion dépendront de la personne que vous souhaitez contacter.

4. Maintenir l'activité de votre réseau en continuant à intégrer des objectifs au processus de réseautage.

5. Devenir un explorateur social stratégique en suivant votre plan. Faites passer votre activité de réseautage au niveau conscient et continuer à relier vos objectifs à vos contacts. Réfléchir à un moyen de rendre ce que vous recevez de votre réseau.

Vous avez fait vos premiers pas vers le statut de réseauteur stratégique. L'essentiel est de prendre ce que vous avez appris de ce guide et de l'appliquer dans votre activité de réseautage quotidienne. Si vous faites passer le processus de réseautage au niveau conscient, vous noterez des changements considérables dans votre vie. Commencer avec un objectif, puis réfléchir aux personnes susceptibles de vous aider et leur demander si elles acceptent, augmentera vos chances d'atteindre votre objectif. Relier les ressources sociales disponibles de votre réseau à vos objectifs vous permettra d'atteindre ces objectifs plus facilement que par vous-même. Fixez-vous des objectifs, réseautez de façon consciente et donnez autant que vous recevez, et avant de vous en rendre compte, vous serez un *réseauteur stratégique.*

Contrôle des connaissances : Partie H

1. Vous fixer des objectifs vous encouragera à contacter des personnes de votre réseau.

   Vrai ou faux

2. Elaborer un plan de réseau vous aidera à identifier les personnes de votre réseau susceptibles de vous aider à atteindre un objectif.

   Vrai ou faux

3. Toujours développer une stratégie de connexion avant de contacter une personne qui pourrait vous aider.

   Vrai ou faux

4. Les stades du processus de réseautage sont :

   i. Opportunité, contact, exploration, négociation, exploration et solution

   ii. Opportunité, contact, élaboration d'une stratégie, négociation, exploration et solution

   iii. Opportunité, contact, exploration, élaboration d'une stratégie, négociation et solution

5. Le capital social s'avère utile une fois converti en revenu social.

   Vrai ou faux

6. Les ressources sociales peuvent être facilement identifiées sans établir d'objectifs.

Vrai ou faux

7. Devenir un meilleur réseauteur demande de la pratique.

Vrai ou faux

SECTION V

Stratégies pour le réseauteur stratégique

Stratégie #1. Le réseautage à l'aide d'Internet

Stratégie #2. Top 10 : Réseautage effectif

Stratégie #3. Stratégies pour accroître la quantité de contacts dans votre réseau

Stratégie #4. Se présenter à quelqu'un

Stratégie #5. Contacter par courriel

Stratégie #6. Déterminer si quelqu'un peut vous aider à atteindre votre objectif

Stratégie #7. Créer un plan d'action en élaborant une stratégie avec un contact qui a accepté de vous aider

Stratégie #8. Négocier une relation gagnant-gagnant

Stratégie n° 1

Le réseautage à l'aide d'Internet

Plus que jamais, Internet constitue une ressource permettant d'accéder aux opportunités et de réaliser un objectif. Les sites Internet comme Twitter, Facebook et LinkedIn fournissent un point d'accès pour exploiter les ressources sociales qui existent sur Internet. Dans ce cas, le mot clé est « accès ». Ces outils Internet ne garantissent pas de résultats par eux-mêmes, mais fournissent plutôt un accès aux ressources sociales. Du temps et de l'attention sont nécessaires et faire les bonnes choses pour les bonnes raisons est essentiel si l'on souhaite un retour sur investissement.

La clé des sites de réseau social réside dans votre capacité à faire travailler vos connexions pour vous et à ne pas rester trop centré sur le site lui-même. Vous devez faire savoir au monde entier que vous cherchez à atteindre un objectif précis de sorte que vos contacts puissent détecter pour vous une opportunité.

Voici donc quatre astuces pour multiplier la puissance des médias sociaux :

1. **Avoir un but** – connaître la raison pour laquelle vous visitez ces sites. Cela vous aidera à centrer votre message et à augmenter la probabilité qu'une personne puisse vous venir en aide.

2. **Déterminer comment mesurer votre succès** – êtes-vous à la recherche d'informations dans un domaine, de possibilités d'emploi, de contacts, etc. ? Une fois que vous savez ce que vous cherchez, vous pouvez facilement déterminer si le temps que vous y passez en vaut la peine.

3. **Réfléchir à ce que vous pouvez offrir** – Commencez à réfléchir aux choses que vous pouvez apporter au réseau. Par exemple, pouvez-vous partager des informations sur un domaine en particulier ou concernant vos propres contacts ? Quoi que ce soit, assurez-vous d'avoir quelque chose à offrir.

4. **Ne pas se préoccuper des chiffres** – ce n'est pas la quantité d'amis que vous avez sur les sites de réseau social qui compte. C'est surtout la « qualité » des personnes auxquelles vous êtes relié et votre capacité à utiliser ces contacts pour atteindre vos objectifs qui comptent. N'oubliez pas : les possibilités d'emploi réelles se trouvent en général au-delà du premier ou du second degré de séparation.

Le réseautage social en ligne peut être intimidant même dans les circonstances les plus favorables. Mais si vous suivez ces quatre astuces, elles vous mettront sur la bonne voie et vous pousseront à réfléchir de façon stratégique à votre approche.

Stratégie n° 2

Top 10 : Réseautage efficace

1. **Se fixer des objectifs concis.** Cela vous donnera un but et vous encouragera ainsi à contacter des personnes susceptibles de vous aider à atteindre vos objectifs.

2. **Déterminer dans quelle mesure vous vous sentez à l'aise pour contacter les personnes de votre réseau.** Si vous n'êtes pas à l'aise avec certains aspects du réseautage, assurez-vous de savoir pourquoi et d'obtenir de l'aide, le cas échéant.

3. **Analyser votre réseau actuel.** Créez un plan de réseau avec toutes les personnes que vous connaissez. Commencez par intégrer les personnes qui peuvent vous aider, puis poursuivez avec les autres.

4. **Identifier les opportunités de votre réseau.** Réfléchissez aux personnes de votre réseau susceptibles de vous aider à réaliser vos objectifs.

5. **Développer des stratégies de connexion.** Une fois que vous avez identifié un contact susceptible de vous aider, déterminez la meilleure façon de le contacter.

6. **Suivre l'activité de votre réseau.** Effectuez le suivi de vos objectifs et des personnes auxquelles vous êtes relié.

7. **Faites en sorte d'établir des relations durables et réciproquement bénéfiques (gagnant-gagnant).** Donnez autant que vous recevez de votre réseau.

8. **Pratiquer, pratiquer, pratiquer**. Faites passer le réseautage au niveau conscient et contacter autant de personnes que possible. Après tout, la pratique mène à l'amélioration.

9. **Travailler bénévolement ou rejoindre une association.** Élargissez votre accès aux contacts en travaillant bénévolement dans un organisme caritatif ou rejoignez une association.

10. **Faire passer le réseautage au niveau conscient.** Une fois votre objectif établi, réfléchissez tout d'abord aux personnes de votre réseau susceptibles de vous aider à l'atteindre. En ce qui concerne vos objectifs, entraînez-vous à penser d'abord à votre réseau.

Stratégie n° 3

Méthodes pour augmenter la quantité de contacts de votre réseau

Recherche

Recherchez différents groupes et associations de réseautage pour trouver celui qui vous conviendra. Recherchez vos contacts en leur posant des questions, ainsi vous saurez à qui vous vous adressez. Recherchez toutes les opportunités possibles. Gardez un œil sur les informations, les événements et les projets locaux.

Auto promotion

Faites votre promotion de façon efficace. Prenez conscience de vos caractéristiques et avantages (vos forces et comment les utiliser) et apprenez à les exprimer.

Communications

Communiquez efficacement. De bonnes capacités de communication sont inestimables dans toute situation. Soyez clair, concis, enthousiaste, honnête et ouvert. Utilisez le langage avec lequel vous êtes à l'aise, mais assurez-vous de son efficacité. N'oubliez pas l'autre versant de la communication : l'écoute. C'est aussi important que de parler. Ne commettez pas l'erreur que tant de personnes commettent. Au lieu d'écouter, elles passent leur temps à réfléchir à la prochaine chose qu'elles vont dire, n'en tirant par conséquent pratiquement rien.

Penser de manière créative

Résolvez vos problèmes et maximisez vos opportunités à l'aide d'idées créatives. Les solutions se présentent rarement écrites noir sur blanc. Il faut assembler, créer et réfléchir.

Aller au bout
Allez au bout de vos engagements, pour vous-même et pour les autres. Un bon conseil n'est utile que si vous le suivez jusqu'au bout.

Tenir des archives
Notez chaque fait scrupuleusement. Dans le cas contraire, vous ne pourrez jamais vous souvenir de vos engagements. Faites des listes, des programmes et des dossiers recoupés. Ajoutez des notes de rappel concernant les personnes que vous avez rencontrées au dos de leurs cartes de visite. Conservez vos cartes de visite dans votre poche droite et les cartes de visite collectées dans votre poche gauche, vous éviterez ainsi de donner la carte de quelqu'un d'autre.

Organisation
Organisez-vous : vos pensées, vos notes, vos dossiers et votre temps. Cela prend du temps à court terme, mais vous permettra d'en gagner à long terme.

Stratégie n° 4

Se présenter à quelqu'un

1. Établissez un contact visuel avec la personne à qui vous vous présentez. Commencez par « laissez-moi me présenter ».

2. N'oubliez pas de sourire. Assurez-vous que votre présentation est chaleureuse et engageante.

3. Ayez une poignée de main ferme. C'est important, car cela reflète votre confiance en vous.

4. Donnez votre nom et n'oubliez pas de demander celui de la personne. « Bonjour, je suis John, ravi de vous rencontrer Jane ».

5. Posez des questions qui incitent au dialogue. Par exemple, « avez-vous déjà assisté à un tel événement auparavant ? »

6. Remerciez la personne de vous avoir accordé du temps.

Stratégie nᵒ 5

Contacter par courriel

1. **Définir l'objet du courriel.** Gardez à l'esprit à qui vous vous adressez. Il existe différents types de courriel :

   a. Auto-dirigé - vous n'attendez pas une réponse, mais souhaitez simplement faire un compliment ou fournir une information.

   b. Requête d'informations – vous attendez une réponse (réponses à des questions ou conseils).

   c. Ouvert – poursuivre une discussion en cours afin de développer une relation.

   d. Réaction – vous attendez une action suite à ce courriel (aide).

2. **Être direct.** Indiquez l'objet de votre courriel dans les premières phrases.

3. **Fournir des faits.** Si vous vous en tenez aux faits, vos courriels seront plus faciles à lire et auront un impact plus important sur le lecteur.

4. **Commencer le courriel par une brève introduction.** Par exemple, « ce fut un plaisir de vous rencontrer hier soir » ou « cela fait longtemps que nous n'avons pas discuté, alors j'ai pensé à vous écrire ».

5. **Ajouter une signature.** N'oubliez pas de signer votre courriel. Votre destinataire vous identifiera plus facilement et saura comment vous contacter.

6. **Utiliser un français courant.** Évitez d'être trop formel ou de suivre un quelconque format standard. Restez vous-

même, comme si vous parliez à un ami. Utilisez des mots de tous les jours et évitez les fautes de grammaire ou d'orthographe.

7. **Utiliser une police de caractère et un format appropriés.** Faites en sorte que votre courriel reste conventionnel. Le fait que vos pensées soient appropriées n'implique pas forcément que vos contacts le ressentent comme tel. Utilisez une police traditionnelle comme « Arial » ou « Times new roman ».

Stratégie n° 6

Déterminer si quelqu'un peut vous aider à atteindre votre objectif

1. Explorez l'environnement du contact en lui posant des questions. Par exemple, demandez-lui ce qu'il fait dans la vie. N'oubliez pas, il est important de connaître la personne pour savoir dans quel domaine lui proposer votre aide au stade de négociation.

2. Indiquez clairement votre objectif. Assurez-vous que la personne à qui vous parlez comprend ce que vous voulez réaliser.

3. Déterminer si la personne possède les capacités ou les contacts pour vous aider à atteindre votre objectif.

4. Vérifiez si le contact a déjà réalisé un objectif similaire.

5. Demandez s'il accepte de vous aider. Il s'agit d'une part essentielle du processus. Faites en sorte de savoir si le contact accepte de vous aider.

Stratégie nᵒ 7

Créer un plan d'action lors de l'élaboration de votre stratégie avec un contact qui a accepté de vous aider

1. Déterminez **comment** le contact vous aidera spécifiquement à atteindre votre objectif.

2. Déterminez **quand** le contact vous aidera.

3. Déterminez **ce que** chaque personne est censée faire.

4. Déterminez **à quel endroit** le contact vous aidera.

5. Déterminez **quelles autres personnes**, le cas échéant, seront impliquées.

Stratégie nº 8

Négocier une relation gagnant-gagnant

1. Revoir ce que vous espérez accomplir avec l'aide du contact.

2. Reconfirmer et convenir d'un plan d'action.

3. Déterminer ce que le contact voudrait en retour (insister sur le fait que vous lui rendrez la pareille – créer une relation gagnant-gagnant).

4. Obtenez une promesse d'aide du contact.

À propos de l'auteur

Le Dr Hatala apporte ses 15 années d'expérience dans les secteurs communautaire, public et privé. Il a occupé diverses fonctions en tant que conseiller en emploi, prospecteur d'emplois, consultant pour petites entreprises, responsable formation et développement, directeur des ressources humaines et professeur d'université.

Le Dr Hatala est actuellement professeur invité de la Louisiana State University - School of Human Resource Education and Workforce Development (Université de l'Etat de Louisiane - Académie de l'éducation en ressources humaines et du développement des effectifs). Qui plus est, le Dr Hatala est le fondateur de *Flowork International*, une firme de développement du capital social.

Ses recherches sont centrées sur la transition vers le marché du travail, le développement des ressources humaines, le capital social, le développement de carrière et organisationnel. John-Paul a reçu le Elwood F. Holton III Research Excellence Award (prix d'excellence de la recherche Elwood F. Holton III) en 2006 pour son article intitulé « Analyse du réseau social » : Une nouvelle méthodologie pour le développement des ressources humaines ».

Il est l'auteur de plus de 100 publications analysant l'impact du capital social sur les individus et les organisations. Le Dr Hatala a fait de nombreuses présentations en conférences et interventions, dont *National Consultation on Career Development and Workforce Learning* (Consultation nationale sur le développement de carrière et des effectifs), *Canadian Education and Research Institute for Counselling* (Institut canadien d'éducation et de recherche en conseil), *American Society for Training and Development* (Société américaine pour la formation et le développement) et *the Academy of Human Resource Development Conference* (Conférence sur l'académie de développement des ressources humaines).

Jusqu'à aujourd'hui, le Dr Hatala a développé une grande quantité de systèmes et d'outils d'évaluation novateurs dont le Système de gestion du réseautage (comprenant un système d'analyse et de suivi de réseau), un Système de gestion stratégique de recherche d'emploi (comprenant un système de suivi de réintégration du marché du travail) et une série d'évaluation comprenant le Formulaire d'apprentissage de l'exploration sociale (SELF), les outils BEST pour adultes et pour les jeunes (Obstacles aux outils de succès de l'entreprenariat).

Né au Canada, le Dr Hatala a reçu son doctorat de l'Université de Toronto. Il est marié, a trois enfants et vit à Burlington, Ontario, Canada.

John-Paul vous encourage à prendre contact avec lui.

Coordonnées Internet :

Twitter – @jphatala

LinkedIn - John-Paul Hatala

Facebook - John-Paul Hatala

Réseau social en ligne – www.ning.flowork.com

Blog – www.contactpoint.ca

Site Internet – www.flowork.com

---

eNewsletter : Flownotes est un bulletin mensuel créé et distribué par Flowork international. Les numéros sont disponibles en format PDF ou HTML après abonnement par courrier électronique ; vous pouvez vous abonner sur www.flowork.com si vous souhaitez être ajoutée à la liste des destinataires. Vous pouvez également accéder aux numéros actuels et précédents sur ce site Internet.

Pour commander plus d'exemplaires de ce livre ou d'autres produits de réseautage social, visitez le site :

www.flowork.com

Si vous souhaitez faire intervenir le Dr Hatala pour une présentation, un discours ou un atelier, vous pouvez le contacter au 1-877-356-9675 ou info@flowork.com.

ÉDITIONS
GET IN THE FLOW